AF315599

APERÇU HISTORIQUE

SUR

LES EMPRUNTS

CONTRACTÉS PAR L'ESPAGNE.

IMPRIMERIE DE Mme POUSSIN, RUE MIGNON, 2.

APERÇU HISTORIQUE

SUR

LES EMPRUNTS

CONTRACTÉS PAR L'ESPAGNE

DE 1820 A 1834.

PAR X. T.,

Ex-Employé de la caisse royale d'amortissement d'Espagne.

PARIS,

AU DÉPOT CENTRAL DE LA LIBRAIRIE,

RUE DES FILLES-SAINT-THOMAS, 5,

PLACE DE LA BOURSE.

1834.

APERÇU HISTORIQUE

SUR

LES EMPRUNTS

CONTRACTÉS PAR L'ESPAGNE

DE 1820 A 1834.

~~~~~~

RÉFLEXIONS GÉNÉRALES.

La fidélité à remplir ses engagemens est la première base du crédit public. Un gouvernement sur la foi duquel on peut toujours compter ne manque jamais de ressources, et l'on peut, à cet égard, appliquer aux états la même règle qu'aux simples particuliers. Qu'ils soient probes, qu'ils remplissent exactement leurs promesses, que la bonne foi préside à leurs décisions, et ils inspireront cette confiance d'où naît le crédit ; et, quelque événement qui survienne, quelque crise qu'ils éprouvent, ils trouveront des ressources qui les mettront à même de faire face à
~~~~~~

tous leurs besoins. Si, au contraire, tout est versatile dans leur législation financière, si le sort de leurs créanciers n'est jamais assuré, si on a toujours à craindre de leur part un manque de foi, le moindre embarras pourra les conduire à leur perte, et ils périront au moindre choc un peu violent !

Ce sont là des principes vrais dans toutes les circonstances, et dont l'Espagne surtout devrait se pénétrer. Plus que tout autre pays, en effet, l'Espagne a beaucoup à faire pour reconstituer son crédit; c'était, dit-on, chez elle une maxime reçue et mise en pratique, de ne reconnaître ni payer les dettes contractées par les prédécesseurs du roi régnant (1). Or, faut-il s'étonner, après cela, que l'Espagne n'ait jamais pu emprunter, dans ces dernières années, qu'à des conditions plus ou moins onéreuses, et qu'elle n'ait pu obtenir des capitaux qu'à des prix élevés? Quel prêteur aurait pu consentir à courir les chances de la banqueroute, sans exiger des conditions en rapport avec les risques auxquels il s'exposait? C'est une mauvaise réputation que le gouvernement espagnol a dû naturellement escompter. Mais on ne pouvait penser que l'Espagne, en se régénérant, hésitât à reconnaître sa dette, de quelque origine qu'elle fût, au moment où elle allait être obligée de s'adresser encore au crédit pour en servir fidèlement les intérêts. Et ce crédit existait pour elle; son gouvernement pouvait trouver des prêteurs; il est certain qu'ils se sont présentés en foule. Eh bien! il les a tous repoussés; il s'est préoccupé de cette pensée qu'il

(1) Nous voyons, en effet, sous le règne de Ferdinand VI, une réunion de théologiens convoqués par ce souverain pour décider s'il était obligé de payer les dettes de son père. Comme la volonté du monarque était de ne pas payer, les théologiens déclarèrent que le fils n'était pas tenu de payer les dettes du père.

ne devait pas emprunter à des conditions onéreuses, comme si ces conditions n'étaient pas toujours déterminées par le cours des fonds publics d'un état au moment même où il emprunte. Or, ce cours dépend de l'opinion qu'on se forme de sa solvabilité et de sa bonne foi. Cette opinion, à l'égard de l'Espagne, était telle il y a cinq mois, que jamais, depuis plusieurs années, ses fonds n'avaient obtenu de si hauts prix sur les principaux marchés de l'Europe. Elle eût alors emprunté en raison de ces cours, et les cours se fussent encore élevés après l'emprunt. Ainsi l'Espagne en agissant de bonne foi eût fondé son crédit, trouvé des ressources contre les factions, triomphé à la fois des difficultés financières et politiques. Si la banqueroute eût été permise, c'eût été seulement dans le cas de force majeure, dans le cas où le crédit venant à lui manquer, elle se fût trouvée dans l'impossibilité de remplir ses engagemens; mais méditer la banqueroute en plein crédit est un exemple honteux et funeste qui ne doit pas être donné par un gouvernement constitutionnel.

Il est cependant des hommes qui n'ont pas profité de l'expérience, et qui voudraient encore remplacer les lois du crédit par l'influence de l'esprit de parti. La chambre des Procuradores a même obéi d'abord à ces suggestions dangereuses; peu s'en est fallu qu'elle n'abolît, par un vote, l'ouvrage d'un gouvernement régulier de dix années; et c'est la sagesse de la chambre des Proceres qui, seule, a empêché qu'on ne revînt sur un emprunt légitime et contracté de bonne foi.

Pour l'Europe entière, c'est la nation espagnole qui, de 1820 à 1834, invoqua et obtint, de la confiance des peuples étrangers, les subsides qu'elle demanda pour son gouvernement. Que l'Espagne fût d'ailleurs constitutionnelle ou absolutiste, cela importe peu; les emprunts sont

légitimes, du moment qu'ils sont contractés par les gouvernemens de fait. Adopter une doctrine contraire, ce
serait livrer les finances à des réactions dont elles ne
sauraient s'accommoder : ce serait concéder au roi absolu
le droit de ne pas reconnaître les emprunts des Cortès,
aux Cortès le droit de ne pas reconnaître les emprunts
du roi absolu, d'où il suivrait que chaque revirement
politique devrait nécessairement entraîner une banqueroute partielle; or ce n'est pas même une révolution qui
a eu lieu en Espagne, ce n'est qu'un changement dans le
système de gouvernement. Si les emprunts contractés par
la monarchie absolutiste étaient nuls, la restauration du
régime constitutionnel et l'*estatuto real* seraient illégitimes
au même titre. C'est un argument que nous soumettons
aux partisans de la banqueroute et aux exaltés du
parti.

Mais, dit-on, les emprunts royaux ont été contractés
d'une manière irrégulière; la législation exigeait qu'ils
fussent autorisés par la représentation du pays. Le gouvernement des Cortès avait fait, il est vrai, une loi dans
ce sens; mais, ce gouvernement n'ayant pu se soutenir,
la législation qu'il avait créée a dû s'écrouler avec lui.
Un pays qui entre en révolution atteint rarement, du
premier coup, le but de ses désirs : il y a lutte entre les
idées nouvelles et les idées anciennes; ce sont tantôt les
premières, tantôt les secondes qui l'emportent, en sorte
qu'à bien prendre la chose, le droit n'est réellement pas
plus du côté des idées anciennes qui s'écroulent, que du
côté des idées nouvelles qui cherchent à s'établir. Et s'il y
avait un prétexte pour se dispenser de reconnaître des
emprunts, ne pourrait-on pas citer ceux des Cortès comme
ayant donné lieu à des opérations bien plus onéreuses qu'au-
cun autre, opérations que nous relèverons plus loin, et

qui ont été même qualifiées de scandaleuses par les commissions de finances chargées, sous ce régime, de les examiner? Le gouvernement nouveau n'avait qu'une chose à faire : payer loyalement l'apprentissage auquel tout peuple est obligé pour arriver à la vérité du gouvernement représentatif, et réparer, par une administration bien ordonnée, les dommages qui résultent toujours des changemens dans les principes du gouvernement.

La question politique étant ainsi posée, venons à la question financière proprement dite. Ce qu'il importe surtout de connaître, sous le rapport de la moralité, ce sont les conditions véritables des emprunts contractés de 1820 à 1834, sous le gouvernement constitutionnel et sous le gouvernement absolutiste. En effet, en comparant les avantages obtenus par l'Espagne dans ces deux périodes d'emprunts, si nous découvrons que les dernières opérations ont été plus fructueuses à l'Espagne que les premières, nous serons autorisés à conclure qu'il y a un engagement moral, un engagement de bonne foi plus grand encore envers les derniers créanciers qu'envers les premiers.

C'est ce que nous allons examiner avec détail.

EMPRUNTS CONTRACTÉS PAR LES CORTÈS DE 1820 A 1823.

Les emprunts contractés par les Cortès du 6 novembre 1820, jusqu'au 18 juillet 1823, sont au nombre de six.

Nous allons donner un aperçu succinct des conditions auxquelles le gouvernement constitutionnel conclut ces emprunts, et des pertes qu'elles firent supporter au trésor.

Premier emprunt.

Le premier emprunt, contracté le 6 novembre 1820,

était de 300,000,000 r. v. , divisés en 150,000 obligations de 2,000 r. v. chacune.

L'intérêt était de 5 0⁞0, payable par semestre à Madrid ;
mais une prime annuelle de 2 0⁞0 le portait en réalité à
7 0⁞0 ; le capital devait d'ailleurs être remboursé au pair
dans l'espace de vingt-quatre ans ; en sorte que l'emprunt
était à 30 0⁞0 de perte sur le capital nominal, c'est-à-dire
qu'il était au capital réel de 70.

Les paiemens de l'emprunt, en lettres de change ou en
lingots d'or et d'argent, devaient s'effectuer en dix mensualités égales et successives au 1er de chaque mois ; mais
l'intérêt commençait à courir du 1er novembre, bien
que le traité ne fût daté que du 6. Le premier versement
seul devait s'effectuer le 15 novembre courant.

On créa en outre 150 billets de prime, dont un pour
chaque obligation ; ces billets avaient aussi leurs primes,
leur valeur fut fixée à raison de 300 r. v. pour chacun
d'eux (1).

L'administration du crédit public, dans l'exposé qu'elle
fit, le 10 mai 1822, sur le résultat de cet emprunt, fait
connaître qu'il avait coûté au trésor les sommes détaillées
ci-après.

---

(1) La Junte du crédit public demeura chargée du paiement des
intérêts et des primes semestrielles de l'emprunt. Tant qu'elle eut
des ressources, les paiemens s'effectuèrent ; mais les moyens lui man-
quant, il fut convenu avec les contractans qu'ils se chargeraient du
paiement, à Paris, des intérêts et des primes, stipulant le change de
5 fr. 40 c. par piastre forte. Dans leurs comptes subséquens, les contractans passèrent au trésor comme argent effectif les coupons d'intérêt et les billets de prime qu'ils avaient acquittés.

	r. v.	m.
Commission pour recevoir les valeurs à Yrun	281,590	23
Conduite des valeurs depuis Saint-Sébastien jusqu'à Madrid, en sept transports.	149,411	5
—Id. de Barcelonne pour des matières d'or.	12,236	»
Frais du premier tirage de loterie exécuté dans cette capitale	197,512	16
Coût de la composition et de l'impression des actions et quittances.	409,140	32
Pertes dans les négociations des effets pour la remise des fonds de l'emprunt. .	3,677,682	25
Autre perte différente de la précédente sur 1,750,000 francs.	275,592	15
Perte évaluée sur r. v. 37,506,190 11 m. de traites sur la péninsule 1|2 0|0	559,592	28
Pour intérêts payés en outre avant de recevoir les valeurs, toutes bonifications déduites	5,163,811	»
Perte à la monnaie pour frapper les lingots.	2,866,060	»
Perte.	13,592,430	8

Mais ce n'est pas tout encore ; voici le plus scandaleux de l'opération ; nous citons le rapport lu par la commission des finances dans la séance du 11 octobre 1820.

« Le capital de cet emprunt, se composant de 15 mil-
« lions de piastres fortes pour le terme de vingt-quatre
« années, et l'intérêt annuel de 7 0\|0 devant se rembour-

« ser par vingtième dans les vingt dernières années, nous
« aurons à payer à la fin de cette période 30,225,000
« piastres, de la manière suivante : 15 millions pour
« remboursement du capital, et 15,225,000 piastres
« restant, pour intérêt dudit capital, à raison de 7 0|0.
« Ceux qui proposent cette négociation prennent, à leurs
« risques et périls, la vente des actions sur les places étran-
« gères, à la condition expresse que le gouvernement
« leur assure l'exécution des deux clauses suivantes,
« savoir : 4,500,000 piastres fortes pour les 30 0|0 de
« réduction, moyennant laquelle ils achètent à forfait du
« gouvernement les 15 millions d'actions, capital de cet
« emprunt, et 1,511,250 piastres pour la commission de
« 5 0|0 sur 30,225,000 piastres fortes, montant du ca-
« pital et des intérêts... »

C'est la première fois sans doute que l'on a vu dans un
emprunt prendre une commission sur des intérêts et des
remboursemens qui doivent se payer seulement vingt-
quatre années après !

La commission de 5 0|0 sur 30,225,000 piastres fortes,
capital et intérêt de l'emprunt, étant de 1,511,250 piastres
ou de 30,225,000 r. v., il s'ensuit qu'en l'ajoutant aux
pertes mentionnées plus haut, on arrive à une somme de
43,817,450 r. v. 8 m. pour le total des frais de l'emprunt.

	r. v.	m.
L'emprunt de 300,000,000 r. v. à 70 0/0 ayant produit	210,000,000	»
Les frais de l'emprunt ayant été de	43,817,430	8
Il est resté net au gouvernement.	166,182,569	26

Pour laquelle somme il s'est reconnu débiteur de
30,225,000 piastres ou 604,500,000 r. v.

Deuxième emprunt, dit emprunt national.

Un emprunt de **200** millions de réaux ayant été décrété par les Cortès dans la séance du **27** juin **1821**, le ministre des finances reçut différentes propositions ; mais le conseil d'état les ayant traitées d'éminemment scandaleuses et inadmissibles, il fut résolu qu'on aurait d'abord recours aux capitalistes espagnols. On convoqua donc une junte composée des premiers employés de l'administration nationale, de représentans de l'*ayuntamiento* de Madrid, de divers capitalistes, des directeurs de la banque St.-Charles, de la compagnie des Philippines et des cinq *gremios-mayores* de la capitale. Dans cette réunion, il fut décidé que l'emprunt serait *national*. On nomma une commission afin de rédiger avec le ministre le contrat qui fut réalisé le **4** août de la même année, et dont voici les conditions :

Le capital de l'emprunt fut fixé à **341,880,000** réaux de veillon, divisés en **113,960** actions de **3,000** réaux de veillon, chacune à l'intérêt de 6 0|0, payable moitié en argent effectif et moitié en titres de rentes 4 0|0 ou au-dessus, lesquels titres devaient être immédiatement amortis. Les versemens devaient se faire un tiers au comptant, un tiers à trente jours et un tiers à soixante jours.

La commission était de **4** 0|0 effectifs sur la valeur nominale.

L'emprunt se contractait pour onze années, remboursable au pair, et en dix parties égales, à partir de la seconde année. Les premiers souscripteurs prirent aussitôt deux dixièmes de l'emprunt, et se réservèrent la faculté, à l'époque de chaque paiement, de prendre ou de laisser les huit autres dixièmes en parties égales de 1|10e chaque mois.

Le résultat fut qu'il se négocia seulement 34,475 actions représentant un capital de 103,425,000 réaux de veillon.

A la garantie de cet emprunt le gouvernement affecta les immeubles les plus productifs de l'administration du crédit public.

En déduisant la commission de 4 0|0, et 1 0|0 pour le décompte des 30 et 60 jours de terme des paiemens, il résulte que le gouvernement reçut dans cet emprunt, appelé national, 62,315,562 r. v. d'argent effectif pour 103,425,000 de capital nominal.

A la même époque, MM. Rothschild, de Paris, en leur nom et en celui de leur frère de Londres, sous la réserve de sa ratification, traitèrent avec don Joaq. Marie Ferrer, l'un des directeurs de l'emprunt, pour 40,000 de ces actions : la ratification ne fut pas donnée, et la négociation ne s'effectua pas.

Un ordre ministériel du 22 novembre de la même année, communiqué par le nouveau ministre des finances par intérim, don Angel Vallejo, suspendit la négociation de l'emprunt, parce que le même jour s'était effectué le scandaleux contrat de conversion dont nous allons parler.

Troisième emprunt, dit de conversion.

L'opération de l'emprunt de conversion, conclue par le traité du 22 novembre 1821, avait deux buts distincts :

le premier de fournir une certaine somme au gouvernement, le second de convertir en titres nouveaux ceux
des deux emprunts ci-dessus, et ceux des emprunts contractés en Hollande sous le règne de Charles IV.

La somme demandée par l'état était de 140 millions
r. v. L'emprunt fut conclu au taux de 50 0|0, avec jouis-
sance d'intérêts du 1er novembre 1821 ; il était payable
en huit mensualités, sous la déduction de 4 0|0 pour
commissions et autres frais. Le gouvernement espagnol
ne reçut en réalité que

	r. v.	m.
En traite sur la péninsule. . .	74,280,985	13
En monnaies espagnoles . . .	1,538,124	7
En lingots d'or et d'argent . .	31,633,314	19
Total.	107,472,423	

34 millions, c'est-à-dire le quart de l'emprunt, furent
absorbés par les commissions pour paiement des semestres
et autres frais.

Ainsi le gouvernement donna 280 millions en inscriptions de rente, pour recevoir 107,472,423.

Venons maintenant à la conversion proprement dite.

Le gouvernement espagnol s'obligeait dans cette opération *à ne recevoir, sous quelque forme que ce soit, de per-
sonne autre que des contractans au présent traité,* durant
le terme de dix-huit mois, à compter de sa date, la totalité
et chacun des titres ci-dessous aux prix suivans ; savoir :
chaque obligation de l'emprunt de 1820, pour la valeur
de 1,400 réaux de veillon ; chaque billet de prime, pour
500 réaux de veillon ; chaque obligation de l'emprunt

national de 1821 , pour 2,100 réaux de veillon ; chaque obligation hollandaise de 1,000 florins , pour 5,600 réaux de veillon ; chaque florin des intérêts arriérés qui sont dus jusqu'au 1er janvier 1821 , pour 4 réaux 1|2 ; chaque florin des intérêts courans , c'est-à-dire de ceux qui par le fait de la livraison des obligations hollandaises , seront produits postérieurement au 1er janvier 1821 , pour 8 réaux ; les intérêts produits aux époques des remises des obligations de l'emprunt de 1821 , sur le pied de 20 réaux de veillon par chaque piastre forte ; chaque réal des intérêts produits à l'époque des remises des obligations de l'emprunt national de 1821 , pour la valeur d'un réal effectif.

On voit qu'en définitive les concessionnaires se réservaient le droit de remettre exclusivement, pendant dix-huit mois., les titres des anciens emprunts au prix de 70 0|0 , et qu'ils donnaient comme argent effectif les intérêts échus sur ces obligations au jour où ils en faisaient la remise ; les coupons d'intérêts arriérés des anciens emprunts de Hollande au prix de 4 1|2 r. v. par florin , et les billets de prime du premier emprunt au prix de 500 r. v. chacun.

'En échange des valeurs qu'ils pouvaient livrer, le gouvernement espagnol leur donnait une quantité de rentes *indéterminée* au prix de 50 0|0 avec jouissance d'intérêt du 1er novembre 1821.

Le gouvernement leur remettait, en outre , 700,000 piastres fortes de rentes en inscriptions, à titre d'anticipation , laquelle somme devait toujours rester intacte, et revenir au complet pour faire face à la conversion ; elle devait être rendue seulement à la fin de l'opération.

Nous ne nous appesantirons pas sur les avantages de détail que les concessionnaires avaient obtenus de ce malheureux gouvernement ; ainsi, par exemple, il lui était interdit de conclure aucun emprunt durant les douze premiers mois après la signature du traité ; si un nouvel emprunt devenait nécessaire avant cette époque, les nouvelles rentes émises ne pouvaient s'aliéner à d'autres qu'aux concessionnaires ; dans le cas où le gouvernement ne se serait pas accordé encore avec eux sur les points de la négociation, les concessionnaires eux-mêmes devaient les vendre pour son compte moyennant une commission de 5 0|0.

Mais la condition véritablement scandaleuse du contrat, c'est que le gouvernement espagnol assurait aux concessionnaires les intérêts des rentes qu'il leur livrait à partir du 1er novembre 1821, et en même temps il leur assurait aussi les intérêts des valeurs que ceux-ci lui remettaient en échange jusqu'au jour où se réalisaient les remises ; de sorte que dans les dix-huit mois que devait durer cette opération, il y avait un double emploi d'intérêts en pure perte pour le trésor et entièrement au bénéfice des concessionnaires.

Le résultat déplorable de cette opération fut cause que dans le mois de mai 1822, les Cortès s'occupèrent d'annuler l'emprunt, et de mettre en accusation M. Vallejo, ministre des finances qui l'avait contracté. Une commission fut nommée pour examiner cette affaire et en rendre compte. Le 17 mai 1822, un membre de cette commission lut aux Cortès un mémoire lumineux dans lequel il démontrait mathématiquement la lésion inouie causée par le traité du 22 novembre.

La commission des finances s'expliqua en ces termes :

« Les pertes qu'on veut causer à la malheureuse Es-
« pagne par ce funeste traité, ne se bornent pas à ce qui
« vient d'être signalé. L'on prétend lui faire boire jusqu'à
« la lie le calice amer des sacrifices. Au mépris de la raison
« et de la morale, et sans qu'il y ait d'exemple d'une transac-
« tion pareille, on voit par ce traité que pour une même
« chose, à savoir, pour les emprunts antérieurs, on s'o-
« blige à payer les intérêts qui étaient dus auparavant, et
« qu'en outre on doit payer de nouveaux intérêts dès avant
« l'existence et même la signature du contrat, c'est-à-dire
« à partir du 1er novembre 1821. Dans les dix-huit mois
« que peut durer cette opération du double paiement d'in-
« térêts, elle occasionera à l'Espagne, en argent métal-
« lique, une perte de r. v. 61,096,950. »

De plus, la commission des finances calculait que d'a-
près le change de Londres à 36 pences par piastre forte ;
et de Paris à 15 livres 6 sous par pistole, avec les commissions, annonces et autres frais, l'amortissement et
le paiement des intérêts coûteraient à l'Espagne 12 0\0
annuellement.

Enfin la commission des finances, dans le numéro 15
de ses observations que je traduis littéralement, s'exprime
ainsi :

« On pourrait penser que lorsqu'on accordait de si
« énormes sacrifices par le traité, il en résulterait les plus
« grands avantages pour l'Espagne ; que l'on pourrait creu-
« ser des canaux, ouvrir des chemins, etc., etc., etc.,
« et que l'abondance serait introduite dans les caisses du
« trésor public ; mais rien de tout cela. Après dix-huit
« mois de la signature du traité, et sans tenir compte des
« déboursés occasionés par les emprunts antérieurs, les
« r. v. 140,000,000 spécifiés dans l'art. 1er se trouvent

« *réduits en réalité à la misérable somme métallique* de
« r. v. **47,785,251 9**. Et, pour cette somme si modique,
« l'Espagne s'oblige au paiement de r. v. **2,082,235,609**, »
total auquel on arrive par le paiement des intérêts et l'a-
mortissement jusqu'à l'extinction des rentes émises pour
obtenir les r. v. **47,785,251 9**.

La commission des finances opina pour l'annulation du
contrat ; mais les Cortès tenant à l'honneur de la nation espagnole, puisqu'il s'agissait d'un traité fait en son nom,
décidèrent que M. Sierra Planbey, ministre des finances à
cette époque, engagerait MM. Ardoin, Hubard et comp.
à modifier le contrat ; ces messieurs se rendirent à ces
exhortations ; et, le 4 juin de la même année, l'on fit au
traité primitif les modifications suivantes : 1° la faculté
exclusive pour la remise des valeurs des anciens emprunts
devait se limiter au 1er mars 1823, au lieu du 1er mai de
la même année ; 2° le prix fixé de 4 1|2 réaux de
veillon pour chaque florin des intérêts arriérés de Hol-
lande se réduisait à r. v. 3 1|2 ; 3° les intérêts des
nouvelles inscriptions que recevaient les concessionnaires, au lieu de partir du 1er novembre 1821 , ne devaient courir que du mois dans lequel se livraient les anciens titres.

Voici, au reste, comment se termina cette opération
désastreuse de la commission.

MM. Ardoin, Hubard et comp., reçurent du gouvernement **37,742,455** r. v. de rentes, formant un capital
nominal de **754,849,100** r. v.

Pour cette somme et pour solde, ils remirent en paiement au gouvernement :

<table>
<tr><td>108,003 obligations du 1er emprunt, formant, à r. v. 2,000 chaque. . .</td><td>216,006,000</td></tr>
<tr><td>77,360 billets de prime du 1er emprunt, à r. v. 3,000 chaque. . . . . .</td><td>23,208,000</td></tr>
<tr><td>25,418 obligations du 2e emprunt, à r. v. 300 chaque. . . . . . .</td><td>76,254,000</td></tr>
<tr><td>15,436 obligations des emprunts de Hollande, à r. v. 8,000 chaque. . .</td><td>123,488,000</td></tr>
<tr><td>295,846 coupons d'intérêts des emprunts de Hollande, dont 60,697 à r. v. 4 1|2 et 235,149 à r. v. 3 1|2, ensemble. . . . .</td><td>136,893,434</td></tr>
<tr><td>Total. . . . .</td><td>575,849,434</td></tr>
</table>

D'où l'on voit que le gouvernement eut d'abord à supporter une perte de 178,999,666 r. v. provenant de la différence entre le capital des titres qu'il émit et celui des titres qu'il reçut en paiement, perte tournant tout entière au profit des contractans.

A cette différence de capitaux, il faut encore ajouter les intérêts doubles des rentes que le gouvernement émettait, intérêts dont les contractans commençaient à jouir dès le principe, et à partir du 1er novembre 1821 ; plus encore les intérêts qui se trouvaient échus sur les valeurs qu'ils remettaient en paiement comme argent. Toutes ces sommes s'élèvent à plus de 49 millions effectifs de réaux de veillon.

En sorte que les contractans gagnèrent 227,999,666 r. v. dans cette opération.

Mais ce n'est pas encore tout ce que perdit le gouver-

nement ; en effet, les intérêts annuels des titres que le gouvernement émit s'élevaient à.   37,742,455

Les intérêts des valeurs qu'il reçut
en paiement s'élevant à.   20,786,130

Le résultat fut pour le gouvernement
une augmentation annuelle d'intérêt

de.   16,956,425

Ainsi donc, et en résumé, le gouvernement a éprouvé
les pertes suivantes :

Perte résultant de la différence des capitaux, ainsi qu'il
est détaillé plus haut. . . . .   178,999,666 r. v.

Perte résultant de la double alloca-
tion d'intérêts, argent effectif. . . .   49,000,000

Pertes d'intérêts sur les rentes émi-
ses à payer tous les ans.   16,959,375

Total.   244,959,038

La perte eût été encore bien autrement considérable,
si le gouvernement n'eût pas obtenu les modifications
mentionnées plus haut par le traité supplémentaire du
4 juin.

Dans la séance des Cortès du 26 juin 1822, le ministre
des finances, en rendant compte de la mission dont il
avait été chargé, celle d'obtenir des contractans des modifications aux conditions du traité de conversion, s'exprime ainsi : « Le gouvernement n'a pu obtenir des
« concessionnaires d'autres modifications, malgré les in-
« stances les plus pressantes renouvelées dans de longues

« conférences.... Mais, cependaut, le gouvernement croit
« avoir tiré bon parti de l'affaire qui lui fut confiée par les
« Cortès, puisque les modifications obtenues présentent
« *un avantage de r. v. 100,736,000, effectifs en faveur*
« *de la nation, comparativement aux obligations impo-*
« *sées par le traité du 22 septembre.* »

Au 1er mars 1823 devait cesser, comme nous l'avons
dit, la faculté accordée à MM. Ardoin, Hubard et comp.
de convertir en rente 5 0|0 les titres des premiers emprunts
et ceux de la dette en Hollande. Ce terme expiré, le gouvernement exigea de ces messieurs la remise des **700,000**
piastres fortes de rentes qu'ils avaient reçues à titre de
dépôt, comme aussi le montant des intérêts qu'ils avaient
perçus sur ces **700,000** piastres, pour les deux semestres
des 1er mai et 1er novembre 1822.

On différa d'abord; mais lorsque le gouvernement fut
transporté à Cadix, il fut convenu que MM. Ardoin,
Hubard et comp. effectueraient à Londres la reddition de
ces rentes, et qu'on procéderait à Cadix à la liquidation
de leurs comptes, par l'intermédiaire d'une commission
nommée par le gouvernement à cet effet.

MM. Ardoin, Hubard et comp. présentèrent en effet
leurs comptes, desquels il résultait que le gouvernement
était leur débiteur de r. v. 8,417,236; mais ils ne faisaient
pas figurer, au crédit de ce compte, le montant des deux
semestres perçus par eux sur les **700,000** piastres de rente
appartenant au gouvernement, et qu'ils devaient lui
rendre. En outre, ces messieurs donnaient un double sens
à différens articles du traité de conversion, au bénéfice
desquels ils avaient renoncé, et pour lesquels cependant
ils débitaient le gouvernement.

Réglé, comme il devait l'être, par les commissaires de

la caisse d'amortissement, ce compte constitua MM. Ardoin, Hubard et comp., débiteurs envers le gouvernement d'une somme de r. v. **13,533,796 17** en argent effectif; plus de **596,880** piastres fortes de rente restant des **700,000** piastres qu'ils avaient eues en dépôt pour la conversion, plus encore d'un petit excédant de **2,372** piastres fortes qu'ils avaient reçues de trop dans une remise. Les choses en étaient à ce point lorsque les événemens de Cadix arrivèrent : le système constitutionnel fut détruit et la commission de Londres dissoute (1).

(1) **Parmi les** documens où l'on a puisé ces détails, il existe des pièces qui ont révélé un fait, lequel, par sa singularité, mérite d'être signalé.

Les titres provenant des anciens emprunts de Hollande, dont, en vertu de leur contrat de conversion, MM. Ardoin, Hubard et comp. faisaient la remise au gouvernement, qui leur remettait en paiement des rentes 5 p. 100, étaient déposés chez les consuls du gouvernement, à Paris, Londres et Amsterdam.

M. Machado, consul à Paris, à cette époque, reçut :

99,599 coupons des anciens emprunts de Hollande ;

664 obligations   *idem*   *idem* ;

33,409 *idem*   du premier emprunt ;

71,062 billets de prime du même emprunt ;

3,478 obligations du deuxième emprunt.

Au moment de leur dépôt au consulat, ces titres étaient frappés d'une estampille portant en grosses lettres le mot *annulé*.

Forcé par les événemens de l'année 1823 de quitter Paris, M. Machado emballa les archives du consulat, renferma dans des caisses les titres ci-dessus désignés, et en confia le dépôt à MM. Ardoin, Hubard et comp.

Plus tard, en 1829, eut lieu la conversion des anciens emprunts de Hollande. A cette époque, les dépositaires de ces caisses sachant qu'elles renfermaient des titres de ces emprunts, présentèrent une requête au président du tribunal de première instance de Paris, alléguant qu'ils étaient dépositaires de différentes caisses appartenant à des tiers, dans lesquelles étaient renfermées des valeurs qui seraient

Quatrième emprunt.

Ce quatrième emprunt fut contracté le 1er octobre 1822, avec MM. Ardoin, Hubard et comp., pour un capital nominal de 548 millions à l'intérêt de 5 0|0, jouissance du 1er mai de la même année. Le prix était de 60 0|0 et de 4 0|0 de commission, payable en dix mensualités; défalquant des 208,800,000 r. v., que devaient payer les contractans au taux de 60 0|0 du capital nominal, les sommes suivantes :

4 0|0 de commission.	8,352,000
Les intérêts courant avant la remise des fonds	7,672,000
Total	16,024,000

périmées, si elles n'étaient présentées en temps utile, à Amsterdam, pour être converties en rente perpétuelle. Sur l'allégation de cette maison de banque, une ordonnance de référé fut rendue, qui l'autorisa à ouvrir ces caisses, à en extraire les titres qu'elles contenaient, à prendre les mesures nécessaires pour éviter leur péremption, puis enfin à conserver, pour le compte de qui il appartiendrait, les valeurs provenant de leur conversion. Effectivement, il fut procédé, sans délai, en présence d'un juge de paix, à l'ouverture de ces caisses. Les obligations et coupons des susdits emprunts de Hollande en furent extraits, puis expédiés à Amsterdam, où ils furent présentés, pour être convertis, à MM. Willinck junior et comp., chargés de cette opération; mais ces banquiers, apercevant aussitôt l'estampille qui frappait ces titres de nullité, se refusèrent à les convertir. On ne se rebuta point, et une notification judiciaire fut faite pour éviter la déchéance.

Mais, dès que M. le comte d'Ofalia, ambassadeur à Paris, eut connaissance d'une action aussi scandaleuse, il intervint et obtint, avec la médiation du gouvernement français, la remise à l'ambassade de ces titres ainsi que des autres papiers appartenant au consulat.

On voit que le gouvernement n'aurait reçu que 192,000,000 r. v. pour un capital de 348,000,000 r. v. dont il s'est reconnu débiteur, et que, par conséquent, l'emprunt se serait fait en réalité à 55 0|0. Mais la perte a été encore plus grande, car les paiemens du produit de cet emprunt s'effectuèrent partie seulement en argent ; partie fut payée en coupons d'intérêts des emprunts antérieurs et en créances anciennes sur le trésor, qui valaient à Madrid 6 ou 7 0|0, et *qui, néanmoins, furent livrées comme argent pour leur valeur nominale.* On ne sait pas exactement quelle quantité de vieilles créances furent ainsi données en paiement ; mais il résulte de documens, qui ne sont pas officiels, que le montant de ces créances s'élevait à 81 millions de réaux. Toutefois, et pour mettre nos résultats au-dessus de toute contestation, nous admettrons que cet emprunt produisit 110,000,000 r. v. en argent effectif, bien persuadés, d'ailleurs, que nous restons de quelques dizaines de millions au-dessus de la vérité.

Cinquième emprunt.

Cet emprunt fut contracté le 15 janvier 1823 par MM. Bernalès et neveu, de Londres. Il s'élevait à r. v. 800,000,000, capital nominal, et devait être négocié à commission. La maison Bernalès se chargea de la négociation de cet emprunt, moyennant une commission de 5 0|0, et à la condition d'être chargée de payer, avec le produit, le semestre des rentes, moyennant une autre commission de 3|4 0|0.

MM. Bernalès et neveu s'obligèrent à payer par anticipation au gouvernement, et à compte sur les ventes de rentes qu'ils devaient faire, 800 mille livres st., en lettres de change, tirées sur leur maison par leur fondé de pouvoirs et associé, don Louis de la Piedra, qui remit à la trésorerie générale ces 800,000 liv. st. en traites sur la maison Bernalès et neveu, et reçut du gouvernement 20 mandats n° 18 à 57, sur la présentation desquels la commission à Londres, chargée de la confection et de la signature des inscriptions, devait remettre à MM. Bernalès et neveu celles nécessaires pour compléter les 800 millions de réaux et veillon, capital de l'emprunt.

La trésorerie négocia ces lettres de change; mais la maison Bernalès, craignant que cette opération n'eût un mauvais résultat, d'après l'aspect des affaires en Espagne, en accepta seulement pour la somme de 75,073 liv. st., et laissa protester les autres, faute d'acceptation : le marché fut donc annulé. Toutefois, le gouvernement espagnol n'en est pas moins resté devoir à la maison Bernalès, pour les traites payées par elle, la somme de 7,540,875.

Sixième et dernier emprunt.

Cet emprunt fut contracté, le 18 juillet 1823, avec MM. Campbell et Lubbock, de Londres, par don Antonio Martinez, traitant au nom du gouvernement espagnol.

Il s'élevait à r. v. 291,600,000, rente 5 0|0, et fut négocié à commission.

Après avoir annulé les deux millions de piastres fortes de rente, pour lesquels des mandats portant délivrance d'inscriptions avaient été remis à MM. Bernalès et neveu, de Londres, les Cortès ordonnèrent qu'il en fût expédié de nouveaux pour subvenir, les uns au remboursement des lettres de change protestées par Bernalès, et les autres au paiement d'engagemens contractés par le gouvernement. La direction du grand-livre délivra en conséquence 14 mandats de rente, portant les numéros 40 à 54, et d'une valeur ensemble de 149,000 piastres fortes de rente, formant avec un mandat de 580,000 piastres fortes de rente remis à M. Ant. Martinez, la somme de 729,000 piastres fortes de rente, soit r. v. 291,600,000, capital nominal de l'emprunt.

Contre ces mandats ou promesses de rente, il fut délivré 10,263 inscriptions au porteur, de 25, 50, 100, 200 et 300 piastres fortes de rente, payables à Londres, au change de 51 deniers sterling par piastre forte.

Les concessionnaires, MM. Campbell, Lubbock et comp., se chargèrent de la négociation de ces rentes moyennant une commission de 4 0|0, et du paiement des semestres et appointemens d'employés moyennant une autre commission de 3|4 0|0.

Cette opération reçut son exécution; elle produisit 61,435,825 r. v. suivant les conditions mentionnées; la majeure partie des lettres de change protestées par Bernalès et don Justo Machado furent retirées. Le reste des fonds fut employé au paiement de commissions, d'appointemens et d'objets d'armement achetés par l'amiral Jabat.

Ce furent MM. Haldimann et comp., de Londres, qui se chargèrent de la négociation de 303,112 piastres fortes de rente pour subvenir au paiement du semestre du 1er novembre 1825. Ces 303,112 piastres fortes de rente leur furent envoyées par MM. Ardoin, Hubard et compagnie : elles faisaient partie des 700,000 piastres fortes de rente dont ils étaient dépositaires pour faire face à la conversion en exécution du traité du **22** novembre.

La négociation de ces **503,112** piastres produisit, à différens prix, et déduction faite de la commission de **4 0|0** et autres frais, la somme nette,
pour le gouvernement, de   l. st. **403,709 6 8**

Le paiement du semestre, commission de **3|4 0|0** déduite, s'élevait à l. st. **403,543 11 2**

Différence   l. st. **165 15 6**
dont MM. Haldimann et compagnie restèrent débiteurs.

Tout ce qui a été rapporté jusqu'ici est officiel : nous dirons maintenant, en nous fondant sur des renseignemens particuliers , que MM. Haldimann et compagnie déposèrent à la banque de Londres ces **165** liv. st. plus une certaine quantité d'inscriptions provenant peut-être de l'extrême facilité avec laquelle on les fabriquait à Paris et à Londres pour subvenir aux émissions de rentes qui avaient lieu continuellement.

EMPRUNTS

POSTÉRIEUREMENT AU GOUVERNEMENT CONSTITUTIONNEL.

———

A l'époque de l'invasion de l'Espagne par l'armée française, en 1823, MM. le marquis de Croy, Louis Guebhard, Pictet, le comte F. de Croy, le comte Achille de Jouffroy, J-F. Lebras, s'étant réunis pour faire à l'Espagne la proposition d'un emprunt, M. le marquis de Croy, agissant au nom de MM. Louis Guebhard et Pictet, banquiers à Paris, fit un traité à Madrid le 16 juillet 1823, avec M. Erro, alors ministre des finances, pour la négociation d'un emprunt de 200 millons de réaux de veillon. M. Pictet n'ayant pas voulu approuver l'opération contractée par M. le marquis de Croy, refusa de ratifier le contrat. Alors M. Louis Guebhard se rendit à Madrid, fit connaître le motif pour lequel M. Pictet refusait sa sanction, et signa, le 20 septembre 1823, avec M. Erro, ministre des finances, un traité d'emprunt renfermant les conditions suivantes :

Capital nominal, r. v. 334,000,000, composés de 83,500 obligations de 200 piastres fortes chacune, divisées en **20** séries remboursables au pair, d'année en année, par la voie du sort.

Les intérêts à **5** 0|0 et la commission pour la négociation aussi à **5** 0,0.

Les paiemens de cet emprunt devaient s'effectuer en **12** mensualités ; les quatre premières de **20** millions de réaux de veillon , et les huit autres de **15** millions.

Les intérêts de cet emprunt et le remboursement des séries devaient se payer à Madrid.

De retour à Paris , M. L. Guebhard s'occupa de négocier son emprunt ; mais, ne pouvant y parvenir, et les paiemens qu'il devait faire éprouvant des retards , le gouvernement envoya un commissaire à Paris , M. Joaquim Carresse, pour réclamer le paiement des mensualités arriérées , et, dans le cas où il ne pourrait y parvenir , adjuger à d'autres la partie de cet emprunt non négociée par M. Guebhard.

Le **25** mars **1824** , M. Carresse adjugea à **M. A.** Aguado **500** mille piastres fortes de rente de cet emprunt au prix de **60** 1|2 0|0 et **2** 1|2 0|0 de commission , et on stipula que le paiement des intérêts , le tirage des séries et leur remboursement s'effectueraient à Paris. Toutes ces conditions étant remplies , l'emprunt fut négocié et entièrement liquidé , la presque totalité du produit s'élevant à **201,280,000** r. de v. fut envoyée à Madrid.

Dix tirages ont déjà eu lieu successivement et les dix séries échues ont été remboursées au pair.

Second emprunt.

Dans le mois de mars **1824** , le gouvernement s'occupa

de la réorganisation de ses finances ; plusieurs décrets y relatifs furent publiés dans la *Gazette de Madrid*. Par l'un de ces décrets, sous la date du 8 mars 1824, le roi établit une caisse d'amortissement et autorisa un emprunt de 800,000,000 r. de v. en rente de 5 0|0 avec amortissement de 1 0|0 à intérêt composé.

L'obligation de rembourser tous les ans la somme de r. v. 16,700,000, montant de chaque série de l'emprunt royal, gênait considérablement le gouvernement espagnol, qui, pour s'alléger de cette charge, conçut le projet d'offrir au public d'échanger ses titres de l'emprunt royal, moyennant une bonification, contre d'autres titres non remboursables. En effet, une ordonnance royale du 19 décembre 1825 autorisa le ministre des finances à offrir aux porteurs des obligations de l'emprunt royal, de les échanger contre des inscriptions de rente dite *perpétuelle*, créée en vertu du décret du 8 mars 1824. Le commissaire de la caisse d'amortissement d'Espagne à Paris, publia ce décret par lequel on apprit qu'un terme de six mois était accordé pour cette conversion, et que les porteurs qui convertiraient leurs titres recevraient une bonification de 5 0|0.
M. Aguado, banquier à Paris, fut chargé d'opérer cette conversion.

A cette époque, tout ce qui était relatif aux finances d'Espagne recevant mauvais accueil à Paris, à cause de la non reconnaissance des emprunts des Cortès, cet échange n'obtint pas de succès. Il se présenta seulement à la conversion 274 obligations.

De nouveaux besoins se faisant sentir, le gouvernement, autorisa M. Aguado, par décrets des 22 et 24 août 1827 et 2 mai 1828, à négocier 187,870,000 r. v. capital nominal, à valoir sur les rentes créées par le décret du 8 mars 1824.

La commission était de 4 0|0, et les intérêts stipulés payables à Paris, au change de 5 f. 40 c. par piastre forte.

La négociation de ces r. v. 187,870,000 produisit la somme effective de r. v. 91,601,449, commission non déduite.

Sur cette somme, 40 millions furent prélevés pour être employés à la régénération de la banque royale de St-Charles, et le reste servit au paiement du semestre et d'autres besoins du trésor.

Troisième emprunt.

Cet emprunt fut contracté avec M. A. Aguado, le 15 octobre 1828.

Il s'élevait à r. v. 500 millions, capital nominal, rente perpétuelle 5 0|0 jouissant d'un amortissement de 1 0|0 à intérêt composé.

Le prix était de 47 1|4 0|0 ; la commission de 5 0|0 ; les intérêts payables à Paris, au change de 5 f. 40 c. par piastre forte.

Le paiement du produit de cet emprunt devait s'effectuer en neuf mensualités.

Il avait été stipulé dans le contrat que le sixième du produit de cet emprunt serait employé au rachat de l'emprunt royal, dont le remboursement par séries gênait le gouvernement ; mais ses besoins absorbant tout le produit de l'emprunt, cette condition ne put être exécutée.

Les sommes provenant de la négociation de cet emprunt

s'élevèrent à 155,090,000 r. v. effectifs qui servirent au paiement du semestre, au remboursement de la série de l'emprunt royal, et à satisfaire d'autres besoins du trésor.

Quatrième emprunt.

Cet emprunt fut contracté avec M. A. Aguado, le 25 janvier 1830.

Il était de r. v. 293,400,000 , capital nominal, rente perpétuelle 5 0|0, jouissant d'un amortissement de 1 0|0 à intérêt composé.

Le prix était de 56 0|0, payable en 13 mensualités ; la commission de 5 0|0.

Les intérêts avaient été stipulés payables à Paris, au change déjà établi de 5 f. 40 c. par piastre forte, mais le gouvernement changea cette condition et délivra des inscriptions dont les intérêts étaient payables à Amsterdam , au change de florins 2 1|2 par piastre forte.

Le produit de cet emprunt s'éleva à la somme effective de r. v. 177,448,300, qui furent employés aux divers besoins du trésor espagnol.

Cet emprunt forma le complément des r. v. 800,000,000 créés en rente 5 0|0 par le décret du 8 mars 1824 ; en voici la décomposition :

Capital nominal.

R. v.   1,144,000 rente perpétuelle 5 0|0 employés à la conversion de l'emprunt royal.

816,000 donnés au général Belliard, pour sa créance contre le gouvernement espagnol.

16,770,000 pour échange fait avec M. A. Aguado, capital pour capital, contre des valès royaux consolidés,

187,870,000 capital nominal du second emprunt.

300,000,000   idem du troisième emprunt.

293,400,000   idem du quatrième emprunt.

R. v. 800,000,000 somme égale.

A cette même époque, par décret du **7** janvier de la même année, les emprunts contractés en Hollande, sous le règne de Charles IV, et qui n'avaient pas été rachetés par MM. Ardoin, Hubard et compagnie en vertu du traité du **22** novembre **1821**, furent reconnus et leurs titres échangés contre d'autres titres. Pour opérer cette conversion, on créa **246,600,000** r. de v. en rente perpétuelle 5 0|0, payable à Amsterdam, au change de florins **2 1|2** par piastre forte; **184,756,000** r. de v. seulement furent employés à cette conversion, et il resta un solde de r. v. **61,844,000**.

Cinquième emprunt.

Des rentes perpétuelles créées pour la conversion des

anciens emprunts de Hollande, il resta, comme nous l'avons indiqué plus haut, un excédant de r. v. 61,844,000, qui furent négociés par M. A. Aguado, en vertu du décret du 7 juin 1830. La commission était de 4 0|0.

Ces 61,844,000 r. v. produisirent la somme effective de r. v. 30,721,984, qui furent aussi employés à subvenir aux besoins du gouvernement.

Rente 3 0|0.

Un décret autographe du 21 février 1831 créa, pour subvenir aux besoins du trésor, une quantité indéterminée de rentes 3 0|0, jouissant d'un amortissement de 1 0|0 à intérêt composé, et dont les semestres étaient payables à Paris, Londres, Amsterdam et Anvers.

Cette création fut limitée à un million de piastres fortes de rente.

Ce décret avait pour objet principal la reconnaissance des emprunts contractés par les Cortès ; et quoique le mot *reconnaissance*, que Ferdinand VII ne pouvait se résoudre à prononcer, n'y soit pas exprimé, il le fut néanmoins par le fait. Par ce décret, S. M. autorisait la création de ces rentes, en paiement desquelles on pouvait recevoir de la manière suivante les titres des emprunts contractés par les Cortès.

Pour un bon de 100 piastres fortes de rente des emprunts des Cortès, on donnait une inscription de 20 piastres fortes de rente 3 0|0, et les 80 piastres fortes de rente restant étaient capitalisées et échangées, capital pour capital, contre des certificats de dette différée convertissables 1|40e chaque année en rente 3 0|0. Les billets de prime et les coupons d'intérêts arriérés étaient aussi échangés, capital pour capital, contre des certificats semblables.

Un délai de six mois fut accordé pour la faculté de convertir.

M. A. Aguado, banquier à Paris, fut chargé de cette négociation, pour laquelle on lui accorda une commission de 3 0|0.

Le commissaire de la caisse d'amortissement d'Espagne à Paris annonça au public cette opération, en publiant un extrait du décret y relatif dans le *Moniteur* du mois de mars. A cette époque, tous ceux qui entouraient le roi Ferdinand étaient tellement prononcés contre une reconnaissance quelconque des emprunts des Cortès, que le roi se vit obligé de défendre, par le décret lui-même, sa publication dans le royaume sans une autorisation de sa part.

La conversion s'opéra pour une somme de r. v. 73,420,000, valeur nominale, en rente 3 0|0, et pour celle de r. v. 480,456,000 en certificats de dette différée.

Le *Moniteur* du 13 mars 1831 fit connaître au public l'énumération des inscriptions du million de piastres fortes de rentes 3 0|0, et celle des certificats de dette différée.

Depuis lors, 24,023,000 r. v., capital nominal, rente 3 0|0, ont été employés au remboursement des deux premiers quarantièmes de la dette différée. En conséquence, il resta seulement à négocier, pour compléter le million de piastres fortes de rente 3 0|0, la somme de r. v. 569,136,600, capital nominal.

Sixième et dernier emprunt.

En vertu d'autorisations successives, les r. v. 569,156,600, valeur nominale, rente 5 0|0, non employés à la conversion des bons des Cortès, furent négociés à divers prix par M. A. Aguado, à différentes maisons de banque d'Amsterdam, d'Anvers, de Paris et de Londres. Cette négociation produisit la somme effective de r. v. 181,155,144, qui furent employés aux divers besoins du gouvernement.

RÉCAPITULATION.

Depuis le 16 juillet 1823, le gouvernement espagnol a contracté les emprunts suivans :

1er emprunt.—Emprunt royal . . . . r. v. 534,000,000

2e id. —Rente perp. 5 0|0. . 187,870,000

3e id. — id. . . . . , . . . 300,000,000
(dont les intérêts sont payables à Paris au change de 5 f. 40 c. par piastre forte).

4e emprunt.—Rente perp. 5 0|0. . 293,000,000

5e id. — id. 61,844,000
(dont les intérêts sont payables à Amsterdam au change de 2 fl. 1|2 par piastre forte.)

6e emprunt. —Rente 5 0|0. 569,156,666
(dont les intérêts sont payables à Paris au change de 5 f. 40 c. par piastre forte. A Londres, au change de 51 deniers par piastre forte. A Amster-

dam et à Anvers, au change de fl. 2 1|2 par piastre forte.)

IL A ÉTÉ ÉMIS :

Pour la partie de l'emprunt royal convertie   1,144,000

(Rente perp. 5 0|0, dont les intérêts sont payables à Paris au change établi de 5 fr. 40 c.)

Pour la conversion des emprunts contractés en Hollande sous Charles IV.   184,756,000

(Rente perp. 5 0|0, dont les intérêts sont payables à Amsterdam au change déjà cité de fl. 2 1|2.)

Pour le cinquième des bons des Cortès présentés à la conversion.   73,420,000

(Rente 5 0|0, dont les intérêts sont payables comme il est indiqué au sixième emprunt.)

Pour la conversion des quatre autres cinquièmes restant, des billets de prime et intérêts arriérés.   480,456,000

(Certificats de dette sans intérêt, remboursables par 40ᵉ chaque année en rente 5 00.)

Pour le remboursement des deux premiers quarantièmes de la dette différée.   24,028,000

(Rentes 5 0|0 formant avec les r. v. 569,156,666 montant du 6ᵉ emprunt, et les 75,420,000 r. v. employés à la conversion, la totalité du million de piastres fortes de rente 5 0|0, créé par décret du 21 février 1851.)

RÉCAPITULATION. — RÉSULTATS COMPARATIFS DES DEUX SÉRIES D'EMPRUNTS. — CONCLUSIONS.

Ce que l'on remarque d'abord, c'est que le gouvernement constitutionnel a émis, dans le court espace de trente-trois mois, la somme énorme de 2,098,961,875 réaux de veillon. C'est environ un quart en sus du montant des emprunts contractés par le gouvernement absolu, dans l'espace de dix ans. Cela répond à tous les argumens qu'on a voulu tirer de la quantité de rentes émise depuis la restauration de Ferdinand.

Mais venons à la comparaison des emprunts émis pendant ces deux phases du gouvernement espagnol, et commençons par établir le résultat des emprunts des Cortès.

Récapitulation générale des six emprunts existant en circulation, et importance de la somme à laquelle ils s'élèvent, déduction faite de la conversion opérée par MM. Ardoin, Hubard et comp., et sans tenir compte de la partie qui fut convertie en 1851 en rente 5 0|0 et en dette sans intérêt.

Premier emprunt, 5 0|0.

41,997 obligations à 2,000 réaux de veillon. 83,993,000

Report.   85,995,000

72,540 billets de prime à 500 réaux de
veillon.   21,765,000

Deuxième emprunt, 6 0|0.

9,057 obligations à 3,000 réaux de
veillon chaque.   27,171,000

Troisième et quatrième emprunts, 5 0|0.

51,790 inscriptions de différentes va-
leurs, formant ensemble un total de. . .   1,666,864,000

Cinquième emprunt, 5 0|0.

Contracté par MM. Bernalès et neveu
de Londres, cet emprunt fut ensuite annulé; mais, à cette époque, ces messieurs
avaient déjà payé sur les traites, qu'ils
avaient acceptées pour le montant de cet
emprunt, la somme de r. v.   7,570,875

Sixième emprunt, 5 0|0.

10,263 obligations de différentes va-
leurs, formant ensemble un total de. . .   291,600,000

Total r. v.   2,098,961,875

produisant un intérêt annuel de r. v. . . .   103,753,160

Que si nous récapitulons, d'un autre côté, les différentes sommes qu'ont rapportées ces emprunts en argent effectif, nous trouverons :

1er emprunt	166,182,569 r. v.
2e	62,313,562
3e	107,472,428
4e	110,000,000
5e	annulé.
6e	61,435,525
Total du produit des six emprunts .	507,404,084

Ainsi, le capital nominal de **2,098,961,875** *r. v., dont le gouvernement constitutionnel a grevé le pays, a donné* **507,404,084** *r. v. Ainsi, le produit moyen des emprunts contractés a été seulement de* **24 1|6 0|0**; *ainsi les emprunts ont rapporté moins que le* QUART *du capital nominal.*

Que si l'on observe en outre que le dernier semestre payé ayant été celui du 1er novembre 1823, il est dû, à partir du 1er novembre 1834, onze années d'intérêt montant à 1,141,284,760 r. v., on arrive à ce résultat : que *le gouvernement espagnol se trouve aujourd'hui débiteur d'un capital de* **3,240,246,635** *r. v., pour lequel il n'a reçu que* **507,404,084** *r. v., c'est-à-dire environ* LE SIXIÈME *du capital!*

Passons actuellement aux emprunts contractés sous le gouvernement absolu de Ferdinand. De la récapitulation des emprunts royaux, que nous avons donnée plus haut, il résulte qu'il a été émis par voie de vente , pendant cet espace de temps :

En rente perpétuelle, 5 0|0, payable à Paris , l'emprunt royal compris. . . r. v. **821,870,000**

Capital nominal.

En rente perpétuelle , 5 0|0 , payable à Amsterdam. . . . . , ... **554,884,000**

En rente 5 0|0 , payable à Paris , Londres , Amsterdam et Anvers. . . . **509,156,666**

Par voie d'échange , pour amortissement d'autres valeurs , capital pour capital :

En rente perpétuelle , 5 0|0 , dont les intérêts sont payables à Paris. . . . **1,144,000**

En rente perpétuelle , 5 0|0 , dont les intérêts sont payables à Amsterdam. **184,756,000**

En rente 5 0|0 , dont les intérêts sont payables à Paris , Londres , Amsterdam et Anvers. **97,448,000**

En certificats de dette différée , remboursables par quarantièmes **480,456,000**

Les r. v. 1,176,754,000 , rente 5 0|0 , émis par voie de vente , ont produit la somme effective de r. v. 587,297,337 , commission et tous frais quelconques déduits.

Les r. v. 569,156,666 , rente 5 0|0 , également émis par voie de vente , ont produit la somme effective de r. v. 152,297,553 , commission et tous frais quelconques déduits.

En sorte que le capital nominal de **1,745,890,666** r. v. émis en rentes de 5 et 3 0|0, a donné **759,595,106** r. v. en argent effectif, d'où l'on voit que *le produit moyen des emprunts contractés par le gouvernement absolu fut de* **42 1|2 0|0** *du capital nominal.*

On arrive, par conséquent, au tableau comparatif ci-dessous :

EMPRUNT DES CORTÈS.

Capital nominal des emprunts émis par le gouvernement des Cortès en trente-trois mois. . . . . 2,098,961,875 r. v.

Produit en argent effectif 507,404,084

Taux moyen des emprunts. . . . . 24 1/6 p. o/o.

Différence du capital de la dette à son produit, ou perte du gouvernement espagnol dans ces opérations. 1,591,557,791

EMPRUNTS ROYAUX.

Capital nominal des emprunts émis par le gouvernement de Ferdinand, en dix années. . . . . 1,745,890,666 r. v.

Produit en argent effectif 739,595,106

Taux moyen des emprunts. . . . . 42 1/2 p. o/o.

Différence du capital de la dette à son produit, ou perte du gouvernement espagnol dans ces opérations. 1,006,295,560

Ainsi, les conditions des emprunts contractés sous les deux gouvernemens sont entre elles comme **24** *est à* **42**, *ou à peu près comme* **5** *est à* **9**, *c'est-à-dire qu'*IL S'EN FAUT D'UN CINQUIÈME SEULEMENT QUE LES EMPRUNTS ROYAUX AIENT PRODUIT, PAR RAPPORT AU CAPITAL NOMINAL, LE DOUBLE DE CE QU'ONT PRODUIT LES EMPRUNTS DES CORTÈS.

Encore est-il à remarquer que plus de 1|3 de la totalité des emprunts faits par le gouvernement absolu ne grève l'état que d'un intérêt de 3 0|0 ; et il faut remarquer ici que la plupart des emprunts des Cortès se négocièrent au moment où le gouvernement constitutionnel était au plus haut point de sa puissance, alors qu'il avait pour lui les sympathies de presque toute l'Europe, tandis que les emprunts royaux se produisirent à une époque de détresse, ou bien lorsque la presse libérale avait provoqué l'animadversion du public, excité les défiances de la banque des principales places de commerce. Et pourtant toutes les opérations de Ferdinand ont été qualifiées d'onéreuses ; les attaques les plus violentes ont été dirigées contre l'emprunt Guebhard : il a été sacrifié à l'indignation des Procuradores, et pas une parole de blâme n'est tombée même sur l'emprunt de conversion de novembre 1821, sur lequel le ministre obtint, d'un seul coup, 100 millions de réduction, qui retranchèrent simplement des bénéfices accordés aux contractans !

Et maintenant la conclusion se présente d'elle-même. Certes, nous sommes loin de vouloir porter aucune atteinte aux créances contractées sous les Cortès. Mais, ce que nous avons voulu démontrer, et ce que nous croyons avoir démontré d'une manière incontestable, c'est que, sous le rapport de la bonne foi, qui doit être souveraine en matière de finances, les porteurs de créances provenant des emprunts royaux ont des droits plus légitimes, puisqu'ils ont accepté les valeurs espagnoles à des conditions beaucoup plus avantageuses au pays. Il est bon de remarquer, en outre, que les porteurs de ces créances font déjà une perte véritable, perte légitime d'ailleurs, en n'étant admis que concurremment avec les autres créanciers ; on conçoit, en effet, que le chiffre élevé des emprunts antérieurs à **1825**, en entrant en partage des ressources applicables au crédit public, diminue considérablement la part affectée aux emprunts royaux ; cependant, ces créanciers ne se plaignent pas d'une mesure générale qu'ils reconnaissent, au contraire, fort équitable, mais ils veulent au moins qu'on ne viole pas, à leur détriment, les principes de bonne foi et d'honneur national ; que le gouvernement nouveau accorde à chacun sa part proportionnelle dans l'avoir collectif, c'est seulement ainsi qu'il pourra faire croire à l'avénement du règne de la justice et de l'équité.

FIN.